Valentino Iezzi

Vogliamo fare in modo nuovo?

Valentino Iezzi

Vogliamo fare in modo nuovo?

La fatica e la gioia di cambiare mentalità

Edizioni Sant'Antonio

Imprint

Cover image: www.ingimage.com

Publisher:
Edizioni Accademiche Italiane
is a trademark of
International Book Market Service Ltd., member of OmniScriptum Publishing Group
17 Meldrum Street, Beau Bassin 71504, Mauritius

Printed at: see last page
ISBN: 978-613-8-39173-9

PREFAZIONE

Sono ben lieto di scrivere una breve prefazione al testo presentato dal sacerdote don Valentino Iezzi riguardante il cammino della nuova evangelizzazione.

La sfida che sta di fronte alla Chiesa tutta, secondo la richiesta di Papa Francesco di essere una Chiesa in uscita, certamente interpella i singoli parroci e sacerdoti perché si attivino nel trovare nuove strade per annunciare il vangelo soprattutto a chi è lontano dalla fede.

Naturalmente non si tratta di cambiare solo alcune attività di carattere pastorale ma si tratta di un cambiamento interiore che ogni presbitero deve affrontare, se vuole rispondere alle sfide che il nostro tempo propone alla Chiesa e specificatamente all'annuncio del Vangelo.

Da troppo tempo la nostra pastorale è segnata dall'impegno nei confronti dei fanciulli, dei giovanissimi e quando va bene di qualche giovane, ma tutto ciò non basta, la sfida del mondo adulto, dei giovani adulti, e particolarmente delle famiglie, dobbiamo raccoglierla perché sono proprio essi coloro che purtroppo vivono lontani da una fede veramente interiorizzata e testimoniata.

Qualcuno accenna ad iniziare un cammino di fede ma il più delle volte ci troviamo di fronte ad una interpretazione del Vangelo di carattere intimistico e quando va bene capace di orientare la propria spiritualità individuale.

Il Papa ci chiede che come popolo di Dio ci facciamo carico dell'annuncio del Vangelo. Non ci dovrebbe essere battezzato che possa sottrarsi a dare la propria disponibilità a quello che il Papa chiama l'ospedale da campo, cioè la Chiesa collocata in mezzo alla gente capace di curare le ferite di incoraggiare, di guidare tutti coloro che hanno la necessità di incontrare Gesù Cristo il Maestro, e soprattutto sentire fortemente che il suo Vangelo diventa vita vissuta.

Ma chi deve farsi promotore di questo impegno rinnovato per "annunciare il Vangelo in un mondo che cambia" (documento di orientamento pastorale della Conferenza Episcopale Italiana per gli anni 2000-2010) oppure chi deve organizzare una "parrocchia missionaria in un mondo che cambia" (documento della Conferenza Episcopale Italiana nel 2004) è certamente il Vescovo della Diocesi, e sono i suoi presbiteri che abbeverandosi alle sorgenti vive del Vangelo, si impegnano a riscoprire la gioia della missione e a farsi formatori dei laici che vogliono e sono disponibili per vivere la missione .

Siamo senz'altro ad una svolta epocale. La parrocchia ha bisogno di sentirsi ringiovanita da una linfa nuova, l'esperienza che don Valentino Iezzi sta vivendo sulla sua persona e con la collaborazione di tanti laici è senz'altro una indicazione preziosa perché ci si possa avviare verso un cammino di vera e nuova evangelizzazione.

Il mio augurio è che tanti, presbiteri soprattutto, possano trarre vantaggio da queste brevi pagine, con l'auspicio di poterci confrontare per migliorare questo itinerario intrapreso.

Pescara, 9 ottobre 2015

Tommaso Valentinetti
Arcivescovo

DESIDERIAMO FARE IN MODO NUOVO?

Tutti noi parroci vorremmo il meglio per la nostra parrocchia e desideriamo che le nostre iniziative pastorali abbiano buon esito. Quando proponiamo qualcosa che non viene accolta o riceve un'accoglienza limitata e “ci ritroviamo sempre con le stesse persone”, rimaniamo delusi e ci scoraggiamo, fino a pensare che: “Tanto è tutto inutile perché la gente oggi non ne vuol sapere della fede e di Dio. Fino a quando proponi divertimenti o momenti conviviali c’è grande partecipazione, ma quando proponi qualcosa di più serio e profondo si rimane in pochi”. A volte, realizziamo iniziative nuove per coinvolgere altre persone e, con nostra grande delusione, vi partecipano sempre le stesse. A questo punto corriamo il rischio di “non voler fare più nulla perché tanto non serve a niente” oppure di accontentarci nel “fare quello che si è sempre fatto”. Può darsi sia così, ma può anche essere che ciò che proponiamo non coinvolge la gente perché non facciamo altro che riprendere un modo di fare la pastorale che non arriva al cuore dell’uomo di oggi.

Non penso che lo Spirito Santo abbia esaurito la sua fantasia nell’ispirare alla chiesa dei modi per poter parlare di Dio alle persone di questo tempo. Gesù dice nel Vangelo: “*Non si versa vino nuovo in **otri** vecchi, altrimenti si spaccano gli **otri** e il vino si spande e gli **otri** vanno perduti. Ma si versa vino nuovo in **otri** nuovi, e così l'uno e gli altri si conservano». (Mt 9,17).* Questi otri sono le nostre teste di pastori, rappresentano la nostra mentalità pastorale che, senza voler offendere nessuno, potrebbe essere ormai "vecchia" e legata a un modo di fare che ormai non funziona più. Lo constatiamo, ma non ci capacitiamo che possa essere così, anche perché non sappiamo fare diversamente, nessuno ce lo ha insegnato. Con tanta buona volontà e anche con grande impegno, cerchiamo di "accomodare" qualcosa, di farlo in modo diverso, ma accade che a tanto impegno, nostro e dei nostri collaboratori, corrispondono, come abbiamo già detto, risultati veramente esigui. Assistiamo al fenomeno dell'elefante che partorisce il topolino. Questo gigante che è la parrocchia sembra veramente avere perso la forza di incidere sulla vita della gente.

Un altro rischio che si corre, a questo punto, è quello di "ripiegare" sulle opere e sulle iniziative sociali, che sono cosa ottima se utilizzate come mezzo di pre-evangelizzazione. Nella mia parrocchia, situata in un quartiere a rischio, ne facciamo diverse, ma quando sono fini a se stesse risultano pastoralmente fallimentari, non conducono ad un'esperienza spirituale e non convertono nessuno.

Il Vangelo dice che "il vino nuovo va versato in otri nuovi". La realtà in cui viviamo ci chiede di aprirci ad accogliere un modo pastoralmente più fecondo di lavorare nelle nostre comunità. Questo non significa rinnegare o mettere da parte tutto ciò che abbiamo imparato e vissuto fino ad oggi; quello che facevamo dobbiamo continuare a farlo ma "rinnovandolo", "rivitalizzandolo".

UNA STORIA

Un grande re ricevette in omaggio due pulcini di falco e si affrettò a

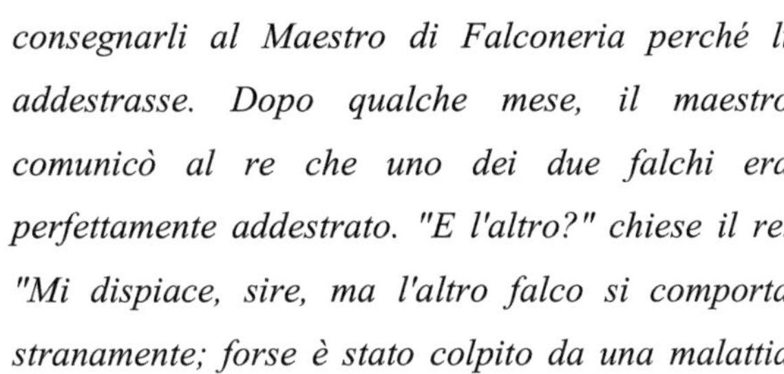

consegnarli al Maestro di Falconeria perché li addestrasse. Dopo qualche mese, il maestro comunicò al re che uno dei due falchi era perfettamente addestrato. "E l'altro?" chiese il re. "Mi dispiace, sire, ma l'altro falco si comporta stranamente; forse è stato colpito da una malattia rara, che non siamo in grado di curare. Nessuno riesce a smuoverlo dal ramo dell'albero su cui è stato posato il primo giorno. Un inserviente deve arrampicarsi ogni giorno per portargli cibo". Il re convocò veterinari e guaritori ed esperti di ogni tipo, ma nessuno riuscì a far volare il falco. Incaricò del compito i membri della corte, i generali, i consiglieri più saggi, ma nessuno potè schiodare il falco dal suo ramo. Dalla finestra del suo appartamento, il monarca poteva vedere il falco immobile sull'albero, giorno e notte. Un giorno fece proclamare un editto in cui chiedeva ai suoi sudditi un aiuto per il problema.

Il mattino seguente, il re spalancò la finestra e, con grande stupore, vide il falco che volava superbamente tra gli alberi del giardino. "Portatemi l'autore di questo miracolo", ordinò. Poco dopo gli presentarono un giovane contadino. "Tu hai fatto volare il falco? Come hai fatto? Sei un

mago, per caso?" gli chiese il re. Intimidito e felice, il giovane spiegò:

"Non è stato difficile, maestà. Io ho semplicemente tagliato il ramo. Il falco si è reso conto di avere le ali ed ha incominciato a volare".

Il falco che non sa volare rappresenta noi preti quando rimaniamo tenacemente aggrappati al ramo di fare la pastorale sempre allo stesso modo e solo tradizionale. Non ci accorgiamo delle ali, cioè delle potenzialità che Dio ci ha donato in qualità di pastori e siamo rigidi, stanchi e a volte critici verso tutti i nostri confratelli che vediamo volare, contenti, dietro i loro numerosi e fruttuosi impegni pastorali. Non aspettiamo che la storia venga a tagliarci il ramo delle poche cose sicure in cui ci rifugiamo ma apriamoci alla novità dello Spirito.

LA FATICA E LA GIOIA DI CAMBIARE MENTALITÀ

Il Vangelo è sempre lo stesso e non dobbiamo addolcirlo, annacquarlo ma siamo chiamati a trovare "nuovi modi", che lo Spirito Santo ha già suscitato e continua a suscitare nella chiesa, per annunciare lo stesso bellissimo e potente messaggio. Tutto questo è chiamato: "Nuova evangelizzazione". Non ci è chiesto di ricominciare tutto daccapo spiritualmente né di tornare a scuola di pastorale, ma di riscoprire la potenza nascosta nel nostro ministero sacerdotale e di comprendere meglio cosa significa "Andate in tutto il mondo e annunciate il vangelo ad ogni creatura" (Mc 16,15). Non ci è detto "conservate" il vangelo ma "annunciatelo".

La reazione di molti sacerdoti nei confronti di questo invito a cambiare mentalità è di solito di tre tipi: critico, svalutante o di apertura.

Alcuni sono molto critici e affermano che queste "novità" lasciano il tempo che trovano, che non si può andare dietro alle "mode del momento" e che la chiesa deve continuare a fare quello che ha sempre fatto, perché "funziona" e siamo sicuri di essere nell'alveo della dottrina. Questi confratelli rifiutano a priori tutto ciò che sa di novità perché *"Nessuno poi che beve il vino vecchio desidera il nuovo, perché dice: «Il vecchio è gradevole!»" (Lc 5,39).*

Altri hanno un atteggiamento svalutante e affermano: "Tanto anche se provi questo o quello, alla fine, non cambia nulla". Sono quei sacerdoti che hanno tentato di fare qualcosa di diverso ma al primo tentativo che non ha avuto successo si sono arresi. Oppure quelli che, spinti dai loro

laici, hanno provato un' esperienza che non ha ottenuto i risultati sperati e per questo hanno chiuso.
In realtà questi due atteggiamenti nascondono una "non voglia" di mettersi in discussione. Si preferisce continuare a fare come si è sempre fatto anche se i risultati sono esigui o fallimentari, dando la colpa alla gente dicendo che "ha il cuore chiuso...non le interessa più Dio...pensa solo a divertirsi, ai soldi" e che noi preti "facciamo quello che possiamo". Tutti questi pregiudizi verso l'uomo di oggi possono anche essere veri, ma non mi risulta che in altre epoche della storia le persone da evangelizzare fossero molto diverse da queste. Eppure lo Spirito Santo, attraverso uomini e donne della chiesa, ha trovato sempre i modi affinché il messaggio del Vangelo raggiungesse il loro cuore.
La verità è che non vogliamo affrontare la fatica di tornare a lavorare sul nostro modo di progettare e proporre percorsi di formazione alla fede ed esperienze spirituali più efficaci per bambini, adolescenti, giovani, adulti, coppie, divorziati e anziani. Abbiamo già la vita piena di tanti impegni e non ci va di aggiungerne altri, perché pensiamo che rinnovare, creare cose nuove significhi lavoro extra. Soprattutto se abbiamo superato un certo numeri di anni di sacerdozio non è facile

rimettersi in discussione e tornare a scuola di pastorale. Molti parroci sono dei grandi lavoratori, si "svenano" per la parrocchia, sprecando tutte le loro energie nelle attività ordinarie (dal certificato di idoneità alla formazione dei catechisti, dal contare personalmente la questua della domenica al seguire pedissequamente i contratti e l'esecuzione dei lavori di ristrutturazione e miglioramento della parrocchia) per giungere poi a non avere più tempo né forze per fare altro, anche se è evidente che c'è molto altro da fare.

Alcuni dicono che sarebbe bello provare nuove esperienze, ma non si ha tempo, e le forze a disposizione, anche tra i collaboratori, sono esigue.

Ci sono però, fortunatamente, nella chiesa di oggi, sacerdoti che invece desiderano vivere un ministero fruttuoso. Costoro, anche se costa fatica e si rende necessaria una rimessa in discussione di un modo di agire ormai consolidato, cercano di conoscere e si aprono a nuove esperienze di annuncio, catechesi, formazione per il bene dei loro parrocchiani e ne raccolgono frutti abbondanti. Questi parroci non avevano a disposizione grandi équipe per vivere quest'avventura, anzi spesso hanno iniziato con pochissime persone, ma la loro carta vincente è stata "crederci".

A questo punto ci vogliamo porre una domanda: la pastorale è soprattutto questione di forze, di tempo o anche e soprattutto di mentalità? Fino a quando continueremo a fare come abbiamo sempre fatto diremo che "non c'è tempo per fare altro", che "non arriviamo". Se invece entriamo in una nuova ottica scopriremo che è soprattutto questione di priorità, di decidere cosa è più importante nel ministero parrocchiale, in una parola, di "nuova mentalità pastorale".

SI COMINCIA AVENDO UN SOGNO

Da diversi anni nella chiesa i nostri Vescovi parlano di progetti pastorali da realizzare, analisi da fare, studi e prospettive da creare e noi siamo d'accordo con tutto questo. Tuttavia, dalla teoria non riusciamo mai a passare alla pratica. Questi discorsi ci entusiasmano ma non ci smuovono, perché?

Forse perché come parroci abbiamo smesso di sognare.

Quando veniamo ordinati sacerdoti abbiamo un gran desiderio di "fare" per il Regno di Dio e, dopo aver imparato da diverse esperienze pastorali vissute negli anni di formazione del Seminario, sogniamo di poter realizzare qualcosa di bello e importante lì dove saremo inviati a svolgere il nostro servizio. Nei primi tempi del servizio pastorale cerchiamo veramente di dare il meglio e proviamo diverse esperienze ma, andando avanti, il rischio che corriamo è quello di "adattarci" o "scoraggiarci" perché veniamo limitati dal parroco che è sopra di noi, perché il nostro grande impegno non produce i frutti sperati, perché ci lasciamo influenzare dai nostri confratelli che si definiscono preti "con i piedi per terra". A questo punto diventiamo eccessivamente "realisti", nella pastorale ci limitiamo a lavorare facendo quello che fanno tutti, portando avanti la cosiddetta "pastorale ordinaria" e smettiamo di sognare.

Gesù ha avuto un sogno che lo ha guidato e ha dato senso ai suoi tre anni di ministero, un sogno che ha trasmesso ai suoi collaboratori, gli apostoli, che hanno continuato a realizzarlo e, a loro volta, lo hanno trasmesso ad altri. Tutti coloro che nella chiesa hanno dato una svolta alla propria vita pastorale sono stati dei sognatori; pensiamo a san Francesco, san Domenico, san Giovanni Bosco, sant'Ignazio e tanti altri. Mi obietterai: "Ma questi sono santi, io no!". Allora ti dico che ho davanti a me i volti e i nomi di diversi sacerdoti della mia diocesi e di altre diocesi di Abruzzo e Molise che all'inizio del mio ministero sacerdotale avrei desiderato imitare perché avevano parrocchie che scoppiavano di attività, di vita spirituale e di comunione tra sacerdote e laici che vi prestavano servizio. Tutti erano preti aperti all'evangelizzazione, dei grandi sognatori.

Noi parroci dobbiamo avere un sogno per la nostra comunità, o meglio, dobbiamo cercare di capire, attraverso la preghiera e la riflessione sulla realtà della nostro territorio, il sogno che Dio ha sulla parrocchia che ci è stata affidata e cercare di realizzarlo, coinvolgendo i nostri collaboratori in questo sogno.

Fare un'analisi del territorio è importante ma è altrettanto importante non "impantanarsi" nell'analizzare e nel riflettere troppo sul cosa fare o poter fare. Il sognatore è uno che dopo aver riflettuto agisce. Prova un'esperienza e, se questa non va, ne prova un'altra; oppure, se c'è da accomodare qualcosa, lo fa. Non sta lì fermo mesi, anni a parlare della pastorale; un sacerdote che sogna "fa" pastorale.

Questo sogno, nel linguaggio manageriale odierno è chiamato "visione", "vision" in inglese. Ripete spesso nei corsi di formazione il pastore P.Y. Cho, iniziatore di quella esperienza meravigliosa che sono le Cellule di evangelizzazione parrocchiali: "*Quando non vi è visione in un pastore il popolo perisce. Se non abbiamo visione non siamo creativi e se non siamo più creativi stiamo per perdere gli scopi del nostro ministero pastorale. Sognate e lasciate che i vostri sogni si sviluppino in un desiderio ardente di compiere grandi cose per Dio. Incubateli e lo Spirito Santo opererà attraverso di voi per realizzarli*". Tu stai cercando di capire e di realizzare il sogno che Dio ha sulla comunità che ti è stata affidata?

UNA PRIORITA' DELLA PASTORALE: LA FORMAZIONE D EI LAICI

Nei tre anni di ministero Gesù si è dedicato ad annunciare il Regno di Dio a tutti coloro che incontrava. Ha predicato, guarito, consolato, è stato un vero "pastore buono delle pecore" ma ha avuto delle priorità e una di queste è stata dedicare molto tempo nel formare i laici che collaboravano con Lui nel ministero: gli apostoli. Con loro ha trascorso giorni e notti perché divenissero capaci di fare ciò che Lui stava facendo.

Noi sacerdoti, dall'altare, siamo maestri nell'insegnare alla nostra gente che nella vita esistono delle priorità ma, nel nostro agire pastorale, rischiamo di non averne perché pensiamo che "tutto è importante". Fino a quando saremo convinti che in parrocchia dobbiamo presenziare a tutti i servizi perché: "Altrimenti gli altri non li fanno bene"; "Se non li facciamo noi non li fa nessuno"; "Tutto tanto alla fine ricade sul parroco", come potremo far crescere e rinnovare la vita pastorale delle nostre parrocchie? Se restiamo nell'ottica che "certe cose le deve fare il parroco" e non formiamo e non diamo fiducia ai nostri laici saremo come quell'elefantino del Circo che, da piccolo, veniva legato ad un piolo con una fune robusta e non riusciva assolutamente a liberarsi e che anche se crescendo divenne un grande e potente elefante indiano, restò convinto che quella fune non la si poteva strappare e vi rimase legato per tutta la vita. Se non ci sganciamo dalla mentalità pastorale clericale del "presenzialismo" e del "tutto deve passare attraverso di me" non ci verrà mai in mente di percorrere strade nuove pur sentendone l'esigenza. Fino a quando saremo convinti che i nostri laici "non sono maturi" per assumersi certe responsabilità nella vita parrocchiale, essi continueranno a sentirsi immaturi e incapaci. Certamente vanno formati e seguiti ma hanno i tre "munera" che ha donato loro il sacramento del battesimo pienamente attivi. Vi dico queste cose per esperienza. Certamente "non sono noi" e faranno le cose con un loro stile ma le fanno bene e, spesso, meglio di noi.

Se valorizziamo e dedichiamo del tempo a formare questi collaboratori che lo Spirito Santo ci ha messo a fianco scopriremo, con nostra grande sorpresa, che possiamo seguire sia quello che già facciamo (pastorale ordinaria) sia ciò che di nuovo abbiamo iniziato in parrocchia (pastorale di evangelizzazione). Se i laici non sono protagonisti della vita pastorale in tante parrocchie è perché come parroci non diamo loro fiducia e non li abbiamo formati perché, anche se ci costa ammetterlo, vogliamo avere noi le mani in pasta dappertutto e ogni cosa deve andare come noi vogliamo. Quando agiamo così istilliamo nei nostri collaboratori una mentalità "clericale" e loro imparano che "senza il parroco non si può fare nulla" e che loro "non son capaci di svolgere certi servizi". Mentre abbiamo, nelle nostre comunità, tanti laici con carismi veramente importanti che hanno solo bisogno di essere "dissotterrati".

Nella mia parrocchia c'è l'adorazione perpetua con oltre 200 persone impegnate in essa ma chi se ne occupa? Un responsabile laico con tanti altri laici corresponsabili. Da noi abbiamo il percorso di fede delle

Cellule di evangelizzazione con circa 230 persone divise in più di 30 cellule che si radunano ogni settimana nelle case, chi se ne occupa? Una laica con altri collaboratori laici. Abbiamo anche una équipe di predicazione che forma, attraverso corsi e ritiri, la comunità parrocchiale e aiuta diverse altre parrocchie nel creare équipe di predicazioni parrocchiali, da chi è composta? Da una laica responsabile e quindici altri laici che gratuitamente spendono tempo ed energie per l'annuncio del Regno. Nella mia comunità c'è un percorso per coppie dove partecipano più di 40 coppie che si ritrovano in gruppi nelle case per condividere e formarsi, ma chi se ne occupa? Una coppia coadiuvata da altre sette coppie responsabili. E potrei continuare ancora per molto. Ad esempio da noi, ogni due anni teniamo un'esperienza di evangelizzazione per i giovani non frequentanti, dal nome "Youth happy dinner" e chi la porta avanti? I giovani della parrocchia. Quando facciamo i ritiri ai giovani chi predica? Don Valentino insieme ad una équipe di giovani.

I nostri laici, se diamo loro fiducia e formazione, diventano "apostoli" potenti ed efficaci e, attraverso loro, possiamo arrivare dove noi non potremmo mai giungere con le nostre forze e possibilità.

Se stai pensando che non sai come formarli, un ottimo strumento di formazione per i collaboratori e non, della nostra parrocchia, sono i corsi della "Scuola di evangelizzazione sant'Andrea" (per saperne di più vedi ultimo capitolo).

ALCUNE POSSIBILI "RESISTENZE" DA PARTE DEI COLLABORATORI

Tuttavia non esistono solo i laici che aiutano ma anche quelli che ostacolano. A volte come parroci vorremmo iniziare nuove esperienze ma non lo facciamo perché "frenati" dai nostri più stretti collaboratori che sono, da sempre, abituati alla pastorale vecchia maniera, criticano ogni cosa nuova e non vogliono che altre persone entrino nella cerchia "di quelli vicini al parroco", perché hanno formato un gruppo chiuso e solidificato. Così noi sacerdoti, per non sentire le loro critiche o per paura di perderli, non rinnoviamo la vita pastorale parrocchiale e non valorizziamo altri parrocchiani che potrebbero dare un ottimo contributo alla vita pastorale.

Ma perché può accadere questo nei laici delle nostre parrocchie? Perché abbiamo già visto nel vangelo che chi ha sempre bevuto solo il vino vecchio dice: "Il vecchio è buono perché dobbiamo provare il nuovo?".

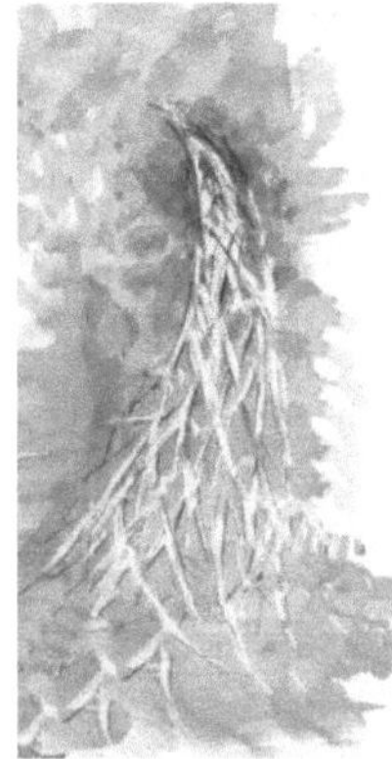

Immaginate Pietro, a quei tempi capo dell'équipe di pescatori, che dopo non aver pescato nulla per tutta la notte ed essere riuscito in mare, al mattino, sulla parola di Gesù, non avesse gettato la rete dalla parte della barca dove non si getta mai, cioè dalla parte destra, sicuramente contro l'opinione di tutti i suoi collaboratori di barca, mai avrebbe preso tutto quel pesce. Ha dovuto ascoltare la voce di Dio piuttosto che quella dei suoi collaboratori per ottenere quel successo e convincere anche i suoi compagni che si poteva fare diversamente. Allo stesso modo noi parroci dobbiamo, a volte, ascoltare la voce di Dio che ci spinge ad "osare" pastoralmente per convincere anche i nostri più stretti collaboratori che quella nuova esperienza è feconda per la parrocchia.

Un'altra categoria di laici che a volte invece che promuovere il bene della parrocchia lo ostacola, sono i responsabili di certi gruppi o movimenti presenti nelle nostre comunità. Lavorano per conto loro e, se il parroco gli chiede di coinvolgersi in momenti o attività comunitarie, essi le snobbano. Se il parroco fa delle proposte per aiutarli a rinnovarsi, essi le fanno passare sotto silenzio. Per loro è importante e degno di considerazione solo ciò che propone il loro responsabile di gruppo o movimento. Questi gruppi di persone possono frenare il parroco nell'iniziare o nel portare avanti le esperienze di evangelizzazione per il rinnovamento della parrocchia, ma se il sacerdote è mosso dalla fede più che dal desiderio di "tenere tutti buoni e uniti" nel suo agire pastorale, all'inizio potrà anche sembrare di creare una "spaccatura", "rischierà di perdere" queste persone e realtà ma, nel tempo, le riconquisterà ed esse accetteranno di integrarsi più profondamente nella vita pastorale comunitaria perché vedranno i frutti di ciò che hanno snobbato o ostacolato. Provare per credere.

COME INIZIARE?

Ai nostri ritiri del clero, ai convegni diocesani, nei documenti della Conferenza Episcopale Italiana, da tanto tempo si parla di queste cose, perciò la teoria la conosciamo tutta. Una cosa ci manca, però: la pratica, cioè provare e vivere nella parrocchia un'esperienza di nuova di evangelizzazione.

Ho girato più volte le foranie (vicarie) della mia diocesi di Pescara, ho tenuto incontri ai ritiri del clero di altre diocesi dell'Abruzzo e del Molise e ho fatto esperienza di questo: quando si parla di nuova evangelizzazione siamo tutti d'accordo ma quando si propone di iniziare una esperienza al riguardo, pochissimi si rendono disponibili. Quelli però che lo fanno desiderano poi continuare e aprirsi ad altre esperienze, in altri settori della vita parrocchiale, perché ne constatano i frutti.

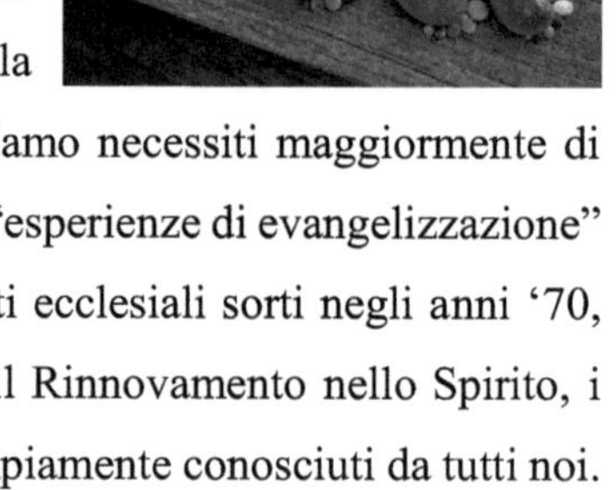

Quindi per cambiare mentalità occorre "tuffarsi" e provare a vivere un'esperienza di evangelizzazione che lo Spirito ha suscitato in questi anni nella chiesa, scegliendo il settore che pensiamo necessiti maggiormente di rinnovamento pastorale. Quando dico "esperienze di evangelizzazione" non mi riferisco ai gruppi e movimenti ecclesiali sorti negli anni '70, come il Cammino Neocatecumenale, il Rinnovamento nello Spirito, i Focolarini che sono doni di Dio già ampiamente conosciuti da tutti noi. Mi riferisco invece alle nuove esperienze propriamente parrocchiali che rivitalizzano e armonizzano la vita della comunità. L'elenco e la descrizione di queste esperienze si troveranno nell'ultimo capitolo: "Dalle parole ai fatti".

1. Cambiando il nostro modo di predicare

In un sacerdote si sta realizzando questo cambiamento di mentalità se cambia il suo modo di predicare. Come dice Papa Francesco: "*l'omelia è la pietra di paragone per valutare la vicinanza e la capacità d'incontro di un pastore con il suo popolo*"[1]. Infatti, quando noi sacerdoti cambiamo il modo di vedere e vivere la vita pastorale cambiamo anche il modo e i contenuti della predicazione.

La formazione culturale del Seminario, attraverso le tante ore di studio della teologia dommatica e morale (certamente importanti) e le poche ore di studio della teologia spirituale e pastorale, influenza molto il nostro stile e i contenuti della nostra predicazione perché cerchiamo soprattutto di esprimerci in modo teologicamente e moralmente corretto. Ciò è importante farlo, ma rischiamo di trascurare l'elemento kerigmatico e l'attualizzazione della Parola alla vita concreta che resta a carico del fedele che ascolta. Purtroppo spesso noi parroci pensiamo che le persone che partecipano alla messa della domenica conoscano già l'amore di Dio per loro e abbiano una fede abbastanza matura, capace di riconoscere la Sua azione negli eventi della vita concreta. Perciò quando predichiamo non torniamo sul tema dell'amore di Dio per loro (dimensione kerigmatica) e ci soffermiamo invece sul comportamento da tenere (dimensione morale) e sulla corretta

[1] Evangelii Gaudium n.135

comprensione della Parola per evitare interpretazioni soggettive e devianti (dimensione biblico-teologica). Inoltre facciamo pochi esempi o quasi nessuno per applicare quella Parola alla vita (attualizzazione) perché siamo convinti che coloro che ascoltano abbiano gli strumenti per farlo da sé. Invece l'esperienza dei miei 25 anni di sacerdozio e il confronto con tanti miei confratelli mi dicono che non è così. L'assemblea della messa domenicale non è una "comunità di discepoli" ma una "folla di persone" che si raduna e questa folla ha, quasi sempre, una fede molto immatura se non, addirittura, una religiosità che non ancora diventa fede. Le persone che vengono a messa hanno bisogno di sentirsi ridire l'amore di Dio per loro attraverso la Parola proclamata perché è da lì che nasce il desiderio di vivere la morale cristiana. Questa gente ha bisogno di essere aiutata, attraverso esempi di vita vissuta, a riconoscere l'amore e la presenza di Dio negli eventi concreti dell'esistenza perché è da lì che poi nascono le convinzioni teologiche della paternità di un Dio provvidente, di Gesù che salva dalle situazioni di sofferenza e dello Spirito che entra nel cuore dell'uomo e lo trasforma.

Senza trascurare la teologia e la morale, un sacerdote che è entrato in una nuova mentalità pastorale lo riconosci perché, senza trascurare la parte esegetica e il significato teologico della Parola, annuncia soprattutto il kerigma e fa molti esempi applicabili alla vita concreta che aiutano le persone a guardare con fede gli eventi della loro vita.

Ma se ci riflettiamo un attimo, non faceva la stessa cosa Gesù che prendeva ad esempio ciò che accadeva a quei tempi (Lc 12,54-13,5) e

la natura che lo circondava (Mt 13,24-30/36-43; 13,31-32) per spiegare le cose di Dio? Quindi non si tratta di inventarsi un nuovo modo di predicare ma di ritrovare lo stile della predicazione evangelica del nostro Maestro.

Anche Papa Francesco, nella sua esortazione apostolica, ribadisce l'importanza dell'omelia fatta in un certo modo per il buon esito della vita pastorale: "*Mi soffermerò particolarmente, e persino con una certa meticolosità, sull'omelia e la sua preparazione, perché molti sono i reclami in relazione a questo importante ministero e non possiamo chiudere le orecchie. L'omelia è la pietra di paragone per valutare la vicinanza e la capacità d'incontro di un Pastore con il suo popolo. Di fatto, sappiamo che i fedeli le danno molta importanza; ed essi, come gli stessi ministri ordinati, molte volte soffrono, gli uni ad ascoltare e gli altri a predicare. È triste che sia così. L'omelia può essere realmente un'intensa e felice esperienza dello Spirito, un confortante incontro con la Parola, una fonte costante di rinnovamento e di crescita.*"[2]

E ancora: *"La predicazione puramente moralista o indottrinante, ed anche quella che si trasforma in una lezione di esegesi, riducono questa comunicazione tra i cuori che si dà nell'omelia e che deve avere un*

[2] E.G.n.135

carattere quasi sacramentale: «La fede viene dall'ascolto e l'ascolto riguarda la parola di Cristo» (Rm 10,17). Nell'omelia, la verità si accompagna alla bellezza e al bene.[3]

Più in là afferma: *"Si tratta di collegare il messaggio del testo biblico con una situazione umana, con qualcosa che essi vivono, con un'esperienza che ha bisogno della luce della Parola. Questa preoccupazione non risponde a un atteggiamento opportunista o diplomatico, ma è profondamente religiosa e pastorale. In fondo è «una vera sensibilità spirituale per saper leggere negli avvenimenti il messaggio di Dio»_e questo è molto di più che trovare qualcosa di interessante da dire. Ciò che si cerca di scoprire è «ciò che il Signore ha da dire in questa circostanza». Dunque, la preparazione della predicazione si trasforma in un esercizio di discernimento evangelico, nel quale si cerca di riconoscere – alla luce dello Spirito – quell' «"appello", che Dio fa risuonare nella stessa situazione storica: anche in essa e attraverso di essa Dio chiama il credente».*

In questa ricerca è possibile ricorrere semplicemente a qualche esperienza umana frequente, come la gioia di un nuovo incontro, le delusioni, la paura della solitudine, la compassione per il dolore altrui, l'insicurezza davanti al futuro, la preoccupazione per una persona cara, ecc.; però occorre accrescere la sensibilità per riconoscere ciò che realmente ha a che fare con la loro vita. Ricordiamo che non bisogna mai rispondere a domande che nessuno si pone; neppure è opportuno offrire cronache dell'attualità per suscitare interesse: per questo ci sono già i programmi televisivi. È comunque possibile

---

[3] E.G.n.142

prendere le mosse da qualche fatto affinché la Parola possa risuonare con forza nel suo invito alla conversione, all'adorazione, ad atteggiamenti concreti di fraternità e di servizio, ecc., poiché talvolta certe persone hanno piacere di ascoltare nella predica dei commenti sulla realtà, ma non per questo si lasciano interpellare personalmente.[4]
Un' altra considerazione mi permetto di proporre per coloro che vogliono rinnovarsi nella predicazione: l'importanza di inserire nel discorso omiletico dei racconti e/o delle esperienze di vita personali o vissute da altri. Se ci fate caso, fino a quando predichiamo in modo concettuale, la gente ha un certo livello di attenzione, ma se passiamo a raccontare una storia o un fatto accaduto la loro concentrazione sale vertiginosamente e recuperiamo anche coloro che si erano "assentati mentalmente". Inoltre i racconti, gli aneddoti, le esperienze le ricorderanno anche dopo molto tempo mentre non ricorderanno nulla dei concetti da noi espressi. Gesù stesso utilizzava molto le storie: il padre misericordioso, la vedova importuna, ecc.

Un' ultima considerazione che mi permetto di fare sull'omelia fatta in modo più incisivo è l'uso delle immagini e dei simboli nella predicazione. Sono una carta vincente perché fissano a livello visivo i concetti che esprimiamo. Oggi abbiamo a che fare con persone che hanno come canale privilegiato di recezione e comunicazione quello visivo, specie dai giovani in giù; perciò, se vogliamo che ricordino qualcosa colleghiamolo a qualche simbolo o immagine. Mi capita spesso di utilizzare nella predicazione simboli e immagini e vi garantisco che son veramente efficaci perché il messaggio si collega ad

[4] E.G. n.154-155

essi. Papa Francesco dice: *"Solo per esemplificare, ricordiamo alcuni strumenti pratici, che possono arricchire una predicazione e renderla più attraente. Uno degli sforzi più necessari è imparare ad usare immagini nella predicazione, vale a dire a parlare con immagini. A volte si utilizzano esempi per rendere più comprensibile qualcosa che si intende spiegare, però quegli esempi spesso si rivolgono solo al ragionamento; le immagini, invece, aiutano ad apprezzare ed accettare il messaggio che si vuole trasmettere. Un'immagine attraente fa sì che il messaggio venga sentito come qualcosa di familiare, vicino, possibile, legato alla propria vita. Un'immagine ben riuscita può portare a gustare il messaggio che si desidera trasmettere, risveglia un desiderio e motiva la volontà nella direzione del Vangelo. Una buona omelia, come mi diceva un vecchio maestro, deve contenere "un'idea, un sentimento, un'immagine".* [5]

2. Rendendo più incisiva la catechesi

Siamo tutti d'accordo che per formare i nostri cristiani non è sufficiente la predica domenicale. Credere che sia sufficiente un'omelia di 10/20 minuti per avere la forza di affrontare un settimana di vita è come credere che è sufficiente fare un buon pranzo alla domenica per poi vivere e lavorare una settimana senza toccare cibo. Perciò offrire ai nostri parrocchiani la possibilità di un momento

[5] E.G. n.157

infrasettimanale o quindicinale di incontro con la Parola del Signore e di preghiera penso ci trovi tutti d'accordo. Il problema invece è: qual è la qualità di questi momenti? Quanto incidono sulla loro vita? Quanto scavano in profondità in modo da far diventare Gesù veramente il Signore delle loro giornate?

Già nel catechismo della preparazione ai sacramenti si pone questo problema; infatti, i ragazzi frequentano fino al momento in cui ricevono il sacramento della Eucaristia, della Cresima e poi spariscono. Perché? Cosa non ha funzionato? Sembrava partecipassero volentieri poi, ricevuto il sacramento, non si sono visti più.

Gli adolescenti (14-18 anni) e i giovani (19-35 anni) non ci sono affatto nelle nostre comunità e quei pochi che ci sono li utilizziamo nei vari "servizi" senza però renderci conto che hanno bisogno di un cammino spirituale personale perché "non si può lavorare senza mangiare", prima o poi si crolla. Infatti assistiamo al fenomeno di questi pochi ragazzi che, appena giunge un impegno lavorativo o di altro genere, mollano la parrocchia o, peggio ancora, si innamorano e vanno a convivere senza crearsi alcun problema.

Per non parlare degli adulti con i quali è difficilissimo lavorare perché hanno già una vita piena e se li inviti non vengono, anche se ti avevano promesso di esserci. La verità è che non hanno avuto il coraggio di dire la verità a te che sei il parroco: "Non mi interessa ciò che mi proponi". Questa presentazione potrebbe portare a dire: "Allora non c'è nulla da fare". Invece proprio questa realtà deve portarci a riflettere e domandarci: "Il problema è che la gente non è più interessata o le nostre proposte non coinvolgono?". La mia esperienza e quella di diversi altri confratelli è che se cerchiamo e proponiamo esperienze più profonde e coinvolgenti le persone vi partecipano volentieri. Se le nostre proposte aiutano a scavare nel profondo di se stessi e permettono di incontrare un Dio che li raggiunge ed è presente e li ama in ogni situazione della vita, le persone si fanno coinvolgere. Perciò forse è una questione di "metodi" e di "contenuti" che vanno rivisti e riformulati.

I **metodi** vanno rivisti perché dobbiamo portare il vangelo al bambino, all'adolescente, al giovane, all'adulto che vive incarnato nella società attuale, non quella di 20-30 anni fa. Affermava già Papa Paolo VI: *"Nel nostro secolo, contrassegnato dai mass media o strumenti di comunicazione sociale, il primo annuncio, la catechesi o l'approfondimento ulteriore della fede, non possono fare a meno di questi mezzi."* [6] Questa è una società dove il senso più utilizzato non è quello uditivo ma visivo. È una realtà in cui le persone non aderiscono più a delle verità ma vogliono fare esperienza di ciò che viene loro detto. Per questo anche nelle esperienze spirituali la metodologia della proposta va adattata a questo tipo di persona concreta. Purtroppo noi sacerdoti continuiamo, nei nostri ritiri, a veicolare il messaggio attraverso il solo "parlato" o, al massimo, utilizzando delle slide e questo ci fa pensare che anche in parrocchia va bene fare così, dimenticando che i bambini, i preadolescenti, gli adolescenti che vengono a catechismo nelle nostre parrocchie sono figli dell'era virtuale e della società dell'immagine. Ricordano ciò che vedono e ciò che toccano.

---

[6] Evangelii Nuntiandi n.45

Per i **contenuti** è necessario ritornare alla modalità "biblica". Prima di tutto, la bibbia dall'inizio alla fine annuncia "l'amore di Dio"; dietro ogni pagina, attraverso la storia di ogni personaggio emerge sempre una affermazione: Dio è amore. Perciò ogni nostra iniziativa catechetica è chiamata a trasmettere questo messaggio dell'amore di Dio, il kerigma. Papa Francesco lo afferma con forza: *"Sulla bocca del catechista torna sempre a risuonare il primo annuncio: "Gesù Cristo ti ama, ha dato la sua vita per salvarti, e adesso è vivo al tuo fianco ogni giorno, per illuminarti, per rafforzarti, per liberarti". Quando diciamo che questo annuncio è "il primo", ciò non significa che sta all'inizio e dopo si dimentica o si sostituisce con altri contenuti che lo superano. È il primo in senso qualitativo, perché è l'annuncio principale, quello che si deve sempre tornare ad ascoltare in modi diversi e che si deve sempre tornare ad annunciare durante la catechesi in una forma o nell'altra, in tutte le sue tappe e i suoi momenti. Per questo anche «il sacerdote, come la Chiesa, deve crescere nella coscienza del suo permanente bisogno di essere evangelizzato».*[7]

Nei testi sacri, infatti, sono molto poche le pagine concettuali; la quasi totalità del libri racconta la fede narrando la vita dei personaggi e come essi vedono l'agire di Dio in ciò che loro accade quotidianamente. Infatti la professione di fede dell'ebreo non è un elenco dei concetti e delle qualità di Dio ma il racconto delle vicissitudini esistenziali di un uomo, Abramo, con il suo Dio. Raccontando la storia di Abramo si racconta la fede di un popolo. Ogni personaggio e ogni vicenda biblica ci aiutano a capire sempre meglio chi siamo noi e chi è Dio per noi.

---

[7] E.G. n.164

In un recente documento i vescovi italiani affermano: "*Ci sembra importante che la comunità sia coraggiosamente aiutata a maturare una fede adulta, «pensata», capace di tenere insieme i vari aspetti della vita facendo unità di tutto in Cristo. Solo così i cristiani saranno capaci di vivere nel quotidiano, nel feriale – fatto di famiglia, lavoro, studio, tempo libero – la sequela del Signore, fino a rendere conto della speranza che li abita (cf. 1Pt 3,15). A questo obiettivo di maturità della fede, avendo considerazione delle diverse età, cercando di fare unità tra ascolto, celebrazione e esperienza testimoniale di fede, tende il progetto catechistico delle nostre Chiese, impostato agli inizi degli anni '70 e arricchitosi via via di indicazioni e strumenti.*"[8]

Quello sopra descritto è il servizio che rendono le esperienze di nuova evangelizzazione che lo Spirito ha suscitato. Se restiamo fermi ad attendere che qualcuno venga a bussare alla porta del nostro ufficio parrocchiale per offrircene qualcuna, resteremo in attesa per tutta la vita. Ma se iniziamo a cercare, prima o poi, le troveremo. Se siamo stufi di vedere i bambini andar via dopo aver ricevuto la prima comunione o i preadolescenti dopo la cresima ci metteremo certamente alla ricerca. Se siamo stufi di non avere giovani nella nostra parrocchia e di vederli seduti a sprecare la vita sulle panchine del parco del nostro paese o del nostro quartiere, allora ci daremo da fare. Se siamo stanchi di invitare gli adulti ad incontri a cui puntualmente ci danno buca o quelli che partecipano sono sempre gli stessi, ci daremo da fare per provare nuove esperienze. Se ci sentiamo sfiniti dal correre dietro ai genitori dei bambini della prima comunione supplicandoli o minacciandoli di venire

---

[8] Annunciare il vangelo in un mondo che cambia n.50

agli incontri preparati per loro, cercheremo esperienze più efficaci da proporre.
Oggi esistono nella chiesa percorsi ed esperienze più efficaci e incisivi per tutte le fasce di età. Ricordiamoci che, come ci ha detto il Maestro, "Chi cerca trova".

3. Cercando, attraverso il primo annuncio, di raggiungere coloro che non frequentano

Le cose dette finora riguardano le possibili iniziative pastorali verso coloro che, in un modo o in un altro, girano attorno alla parrocchia. Ma c'è anche un'altra categoria di persone che sono, o almeno dovrebbero essere, oggetto del nostro impegno pastorale. Come dicono i vescovi:

"*La stessa ricerca della piena comunione induce a una sempre più convinta attenzione nella pastorale della Chiesa verso i cosiddetti «non praticanti», ossia verso quel gran numero di battezzati che, pur non avendo rinnegato formalmente il loro battesimo, spesso non ne vivono la forza di trasformazione e di speranza e stanno ai margini della comunità ecclesiale. Sovente si tratta di persone di grande dignità, che portano in sé ferite inferte dalle circostanze della vita familiare, sociale e, in qualche caso, dalle nostre stesse comunità, o più semplicemente sono cristiani abbandonati, verso i quali non si è stati capaci di mostrare ascolto, interesse, simpatia, condivisione. Questa area*

umana, cresciuta in modo rilevante negli ultimi decenni, chiede un rinnovamento pastorale: un'attenzione ai battezzati che vivono un fragile rapporto con la Chiesa e un impegno di primo annuncio, su cui innestare un vero e proprio itinerario di iniziazione o di ripresa della loro vita cristiana."[9]

Purtroppo con queste persone noi parroci applichiamo il meccanismo psicologico della "rimozione": non sapendo cosa fare non ci poniamo il problema e ci accaniamo su quelli che già abbiamo per coinvolgerli. Abbiamo il gruppo dei giovani e viviamo come straordinario quando in un anno un solo altro ragazzo si inserisce. Nel gruppo delle famiglie o degli adulti siamo sempre lì ad invitare chi vuole partecipare agli incontri spesso con scarsissimi risultati.

Lo Spirito Santo invece si è preoccupato di "inventare", ispirando alcuni fratelli nella fede, delle esperienze che permettono di raggiungere coloro che non frequentano e vi assicuro, per esperienza pastorale personale, che sono molto efficaci perché non aprono il cuore a 1-2 persone ma a tante persone insieme. L'esperienza delle "Cene Alpha" e dei "10 comandamenti" per i giovani adulti e gli adulti, gli "Youth happy dinner" per adolescenti e giovani, il "Marriage course" per le coppie, il "Parenting course", per aiutare i genitori ad affrontare l'impegno educativo in un'ottica evangelica, hanno riportato nella mia ma anche in molte altre comunità tante persone alla fede.

La metodologia che può sembrare "originale" è di un'efficacia e di una forza incredibili e questo permette di annunciare, in modo graduale ma sempre più profondo, l'amore di Dio alle persone che partecipano.

---

[9] Annunciare il vangelo n.57

In questo campo tutto dipende dalla nostra "mentalità pastorale". Paragoniamo la nostra mentalità pastorale a una padella. Il pesce invece rappresenta le persone che possiamo raggiungere con la nostra azione pastorale. Se la padella è piccola potrà contenere solo pesce piccolo, se la padella è grande potrà contenere e cuocere anche grandi pesci. Allo stesso modo, se la nostra mentalità-creatività pastorale è limitata ci dobbiamo accontentare di avere sempre le stesse persone, se invece siamo pastoralmente aperti andiamo alla ricerca dei tanti che non ci sono e li conduciamo in parrocchia.

4. Facendo crescere una parrocchia con una mentalità missionaria

"In virtù del Battesimo ricevuto, ogni membro del Popolo di Dio è diventato discepolo missionario (cfr Mt 28,19). Ciascun battezzato, qualunque sia la sua funzione nella Chiesa e il grado di istruzione della sua fede, è un soggetto attivo di evangelizzazione e sarebbe inadeguato pensare ad uno schema di evangelizzazione portato avanti da attori qualificati in cui il resto del popolo fedele fosse solamente recettivo delle loro azioni. La nuova evangelizzazione deve implicare un nuovo protagonismo di ciascuno dei battezzati. Questa convinzione si trasforma in un appello diretto ad ogni cristiano, perché nessuno rinunci al proprio impegno di evangelizzazione, dal momento che, se uno ha realmente fatto esperienza dell'amore di Dio che lo salva, non ha bisogno di molto tempo di preparazione per andare ad annunciarlo,

non può attendere che gli vengano impartite molte lezioni o lunghe istruzioni."[10]

Queste affermazioni di papa Paolo VI ricordano a noi parroci che non dobbiamo impegnarci a formare un'équipe di persone che si dedicano a questo servizio missionario dentro la comunità bensì una "parrocchia missionaria". Per essere evangelizzatori non occorre una preparazione particolare ma una mentalità particolare che viene trasmessa attraverso tutti i momenti di preghiera, catechesi, incontro che la vita parrocchiale propone. Come i genitori trasmettono ai figli il loro modo di vedere, vivere e di dare valore alle cosa della vita, così noi sacerdoti, con tutto il nostro modo di predicare e di agire nel ministero, diciamo ai nostri parrocchiani in quale Dio e in quale azione pastorale crediamo. Se pensiamo solo a curare quello che già facciamo e quelli che già ci sono, i nostri fedeli impareranno che l'obiettivo della vita pastorale è cercare di "conservare" quello che già c'è, curare "la pecorella rimasta nell'ovile". Se invece ci interessiamo, preghiamo e cerchiamo strade anche per coloro che non ci sono, i nostri cristiani matureranno invece una mentalità missionaria, quella della ricerca delle "99 pecore che non ci sono più".

È vero che le nostre liturgie vanno curate perché aiutano ad incontrare il Signore, è vero che gli impegni amministrativi della parrocchia vanno

[10] E.N. n.120

assolti, è vero che dobbiamo ristrutturare, costruire i nostri locali per rendere sempre più accogliente e funzionante la nostra comunità ma è vero che dobbiamo prima di tutto evangelizzare, formando sempre meglio chi già c'è e andando a cercare chi non c'è ancora. Nella mia parrocchia si recita alla fine della messa di ogni giorno una preghiera, che ho preso in prestito da una chiesa del Nord Italia, che ci fa rivolgere a Dio queste parole: "*Signore Gesù, Buon Pastore della nostra comunità, mentre di lodiamo e ti ringraziamo per la Tua presenza in mezzo a noi, Ti chiediamo di sostenerci nel continuare anche oggi, con te, a cercare la "pecorella smarrita" affinché "nessuno vada perduto". Effondi il tuo Spirito Santo su ogni iniziativa di evangelizzazione perché tutti conoscano l'amore del Padre. Te lo chiediamo per l'intercessione di Maria, Stella dell'evangelizzazione. Amen*".

5. Rendendo protagonista il consiglio pastorale

Il consiglio pastorale è l'organo preposto a lavorare con il parroco nella vita pastorale della parrocchia. Spesso ha una funzione solo istituzionale; ce l'abbiamo perché ci deve essere, ma così facendo non ne sfruttiamo tutta la potenza e l'efficacia. I membri del consiglio spesso sono "parroco-dipendenti" perché qualsiasi proposta fa il parroco va bene e, loro stessi, quando vengono in riunione non si impegnano a portare proposte pastorali, perché sarà il parroco a portarle.

Invece, i membri del consiglio possono diventare i primi e più diretti nuovi evangelizzatori se il parroco li coinvolge in queste esperienze, sia quando si muove per andare a conoscerle sia quando le accoglie in parrocchia. La natura e i compiti del consiglio pastorale sono molto chiari: "*All'interno del Consiglio Pastorale si deve attuare "sapientemente il 'consigliare' e il 'presiedere'" (cfr. Cost. 134, § 2). Tali due modi di porsi non sono in parallelo o in contrasto tra loro, ma devono trovare una sintesi armonica nel comportamento dei consiglieri e del parroco perché si realizzi un comune discernimento per il servizio al Vangelo nella comunità cristiana. In concreto, quindi, "è possibile definire il Consiglio Pastorale Parrocchiale* ***organo consultivo*** *solo in termini analogici e solo se tale consultività viene interpretata non secondo il linguaggio comune, ma nel giusto senso ecclesiale. I fedeli, in ragione della loro incorporazione alla Chiesa, sono abilitati a partecipare realmente, anzi a costruire giorno dopo giorno la comunità; perciò il loro apporto è prezioso e necessario.*" (Consiglio Pastorale Parrocchiale n.1.2). Confrontarci spesso con i membri del consiglio è più faticoso ma molto più fruttuoso perché quando porteremo avanti una proposta o una iniziativa nuova essi ci appoggeranno e si faranno carico dell'impegno insieme a noi. I membri del consiglio devono diventare nel tempo, insieme a noi, il motore propulsore delle esperienze di nuova evangelizzazione nella comunità parrocchiale.

6. Convinti che la preghiera è il motore e il culmine dell'evangelizzazione

Nella esortazione apostolica di papa Paolo VI, pietra miliare della Nuova Evangelizzazione, il pontefice afferma: *"Le tecniche dell'evangelizzazione sono buone, ma neppure le più perfette tra di esse potrebbero sostituire l'azione discreta dello Spirito. Anche la preparazione più raffinata dell'evangelizzatore, non opera nulla senza di lui. Senza di lui la dialettica più convincente è impotente sullo spirito degli uomini. Senza di lui, i più elaborati schemi a base sociologica, o psicologica, si rivelano vuoti e privi di valore."*[11]

E' lo Spirito che dà successo a tutte le nostre attività pastorali e questo Spirito si invoca nella preghiera. Una novità molto bella che facciamo noi sacerdoti che abbiamo iniziato esperienze di Nuova evangelizzazione è quella di "pregare di più", perché siamo convinti che il buon esito di ciò che proponiamo dipende moltissimo dall'azione di Dio. Anche i nostri collaboratori laici coinvolti in questa avventura sentono l'esigenza di pregare di più. E quando coinvolgiamo in una iniziativa di evangelizzazione tutta la comunità, nella parrocchia si prega di più.

[11] E.N. n.75

Ognuno è libero di pregare come vuole e ogni modo è gradito al Signore, ma c'è un modo che è amato da tutti perché diretto, facile e profondo: l'adorazione eucaristica. Penso che nelle nostre parrocchie quasi tutti facciamo "l'ora di adorazione" ogni giovedi o venerdi, prima della celebrazione della messa e vi partecipano sempre le stesse persone, magari anche anziane. Quando invece la parrocchia si apre ad esperienze di nuova evangelizzazione e viene spiegato ai nostri laici che adorare è stare in compagnia di Gesù e che, stando ai suoi piedi, possiamo aiutare l'opera di evangelizzazione della chiesa in modo potente e che l'evangelizzazione comincia in ginocchio, assistiamo al miracolo di tanti altri parrocchiani che si coinvolgono in questa preghiera e, nel tempo, si passa dalla frequenza di alcune ore ad un giorno intero di adorazione, a più giorni fino a giungere a quella perpetua. È bellissimo vedere che uno dei frutti della Nuova evangelizzazione è riportare tutta la comunità parrocchiale ai piedi di Gesù eucaristia.

A volte l'adorazione eucaristica è un punto di partenza per una parrocchia che si apre all'evangelizzazione, perché il parroco e il consiglio pastorale decidono di cominciare dalla preghiera. Altre volte è un punto di arrivo, perché dopo che ha toccato con mano la bellezza delle esperienze di nuova evangelizzazione, la comunità sente il bisogno di pregare di più.

In entrambi i casi si fa questa esperienza: l'evangelizzazione conduce alla preghiera e la preghiera è la forza dell'evangelizzazione. Come dice papa Francesco: *"C'è una forma di preghiera che ci stimola particolarmente a spenderci nell'evangelizzazione e ci motiva a cercare il bene degli altri: è l'intercessione."*[12]

7. Costituendo una Consulta per la Nuova evangelizzazione

Proprio per aiutare i sacerdoti che vogliono vivere queste esperienze è nata, nella nostra regione ecclesiastica di Abruzzo e Molise, la Consulta Regionale per la Nuova Evangelizzazione che offre, ormai da alcuni anni, ai sacerdoti che lo desiderano, una serie di incontri annuali per conoscere queste esperienze di evangelizzazione che lo Spirito sta suscitando nella chiesa. Ci sono tante esperienze nuove che molti sacerdoti non conoscono. Compito della Consulta, perciò, non è tanto quello di parlare di nuova evangelizzazione ma di offrire possibilità concrete di viverla.

In ogni diocesi o regione ecclesiastica potrebbe nascere una Consulta. Occorrono alcuni sacerdoti che credono in questa realtà e vanno dai loro superiori a chiedere di poter iniziare a lavorare. Non dobbiamo avere la pretesa che siano i nostri vescovi a chiedere di realizzarla perché loro hanno mille altre occupazioni e preoccupazioni. Da noi tutto è iniziato da me e da altri due sacerdoti; noi credevamo nella Nuova evangelizzazione e volevamo iniziare a fare qualcosa soprattutto per i sacerdoti. Ne abbiamo parlato con i nostri vescovi e la

[12] E.G. n.281

Conferenza Episcopale di Abruzzo e Molise ha incaricato un vescovo sensibile a questa realtà, sua Eccellenza monsignor Bruno Forte, per poter lavorare sul territorio regionale. Lavoriamo ormai da quattro anni con buoni risultati, organizzando tre volte l'anno incontri per permettere ai sacerdoti di entrare in un mentalità di Nuova evangelizzazione e permettere loro di conoscere le esperienze che sono già in atto. Quest'anno abbiamo realizzato il primo Convegno regionale dal titolo "Nuova evangelizzazione e misericordia", anche questo utilizzando una metodologia da Nuova evangelizzazione.
Non è difficile realizzare una Consulta perché: "Ciò che Dio ti mette nel cuore, per il bene della Chiesa, te lo concede".

LA MISSIONE POPOLARE PARROCCHIALE REALIZZATA DAI LAICI

Da questa mentalità missionaria trasmessa a tutta la comunità, il Signore ci ha donato di realizzare, dopo 7 anni di cammino, una missione popolare parrocchiale con i laici della parrocchia. Quando si parla di missione popolare subito ci viene da pensare ai religiosi e alle religiose che sono "specialisti" in questo settore. Ci siamo per secoli affidati a loro come parrocchie perché sono veramente bravi nel coinvolgere la gente nel periodo della missione. Ma al termine della missione cosa succede? Come si prosegue? Purtroppo noi parroci assistiamo al deludente fenomeno dell'agonia e della morte di tutte le iniziative messe su da loro perché non c'è chi le prosegue o magari c'è ma non è al loro livello. Su una parete dell'edificio della mia chiesa ci sono due targhe di marmo che ricordano le due missioni popolari che il mio predecessore, veramente un santo pastore, ha voluto realizzare nella parrocchia con l'aiuto dei religiosi, francescani e passionisti. Io le definisco le "due lapidi" perché di queste missioni non era rimasto niente già dopo poco tempo che erano state realizzate.

Ho pensato: "Se questo modo di fare missione popolare non funziona ne dobbiamo trovare un altro, lo Spirito Santo non ci può lasciare a piedi in questo ambito". L'idea, che è iniziata a maturare dentro di me alcuni anni fa, è stata quella di realizzarla con i miei parrocchiani. Prima di tutto, sono convinto che non occorre molta preparazione, per chi fa già un percorso di fede, per andare ad annunciare l'amore di Dio, secondo, perché i laici non vanno via, come i religiosi, dopo il periodo della missione ma rimangono qui nella comunità.

Ho pregato il Signore di farci capire quale fosse il momento opportuno per realizzarla e questo sogno pastorale si è finalmente realizzato nel mese di maggio 2015. Ha richiesto il coinvolgimento del consiglio pastorale che, dal mese di novembre, ha lavorato per pensare e strutturare concretamente tutti i momenti, coinvolgendo, nella fase esecutiva, le altre realtà e persone. Ci si vedeva ogni 15 giorni per fare, ogni volta, un nuovo passo chiedendo a tutti di lavorarci. Si è deciso in comunione ogni cosa: dall' immaginetta della preghiera al programma delle due settimane. Nulla ho imposto dall' alto perché si sentissero tutti responsabili e protagonisti.

Abbiamo preparato la parrocchia pubblicizzando l'evento, abbiamo pregato attraverso una bellissima processione eucaristica per le vie del quartiere e poi per 15 giorni i nostri laici sono passati per due volte in ogni casa, negozio e via della comunità portando ogni volta un dono diverso e annunciando l'amore di Dio e la vicinanza della chiesa. Tutti, da quelli che sono usciti a chi ha pregato, a chi ha svolto il lavoro di segreteria, hanno testimoniato di aver vissuto una esperienza bellissima e forte spiritualmente e sono stati felici di aver dato disponibilità per questa avventura. Ho avuto il ritorno da diversi parrocchiani che sono venuti, per la prima volta, a chiedere qualcosa in parrocchia e hanno

partecipato ai momenti di celebrazione e testimonianze che abbiamo proposto per i diversi ambiti: lavorativo, familiare e di fede.
La novità della missione popolare realizzata con i laici è che può e deve essere riproposta tutte le volte che lo si vuole. Infatti diverse delle persone che i missionari hanno incontrato hanno espresso il desiderio di rivedere questi fratelli. Ma è proprio del senso pastorale di questo tipo di missione ripassare ogni due o tre anni per le case della parrocchia per annunciare, portare un nuovo dono, magari scegliendo un tema specifico o privilegiando una zona della parrocchia e proponendo qualcosa di particolare in quella zona. Ho anche constatato che è un modo ottimo per avere una visione abbastanza completa delle situazioni presenti sul territorio. La missione non intende sostituire la benedizione delle case ma è molto più efficace di essa, perché attraverso la missione si realizza un annuncio evangelico.
Concludo dicendo che non occorrono molte persone per realizzarla e queste ultime non devono sottoporsi a nessuna preparazione particolare. Con qualche incontro e un grande amore per il Signore si può certamente realizzare in qualsiasi parrocchia. Nelle parrocchie di paese, se si può trovare difficoltà nell'andare da quelli dello stesso paese, ci si può "scambiare di paese" così ci si sente più liberi e, dove le parrocchie sono piccole, ci si può organizzare per foranie (vicarie).

DALLE PAROLE AI FATTI

Sono tante le esperienze di Nuova evangelizzazione che lo Spirito Santo

ha suscitato nella chiesa dagli anni '70 in poi. Quelle nate a ridosso e nell'immediato post-Concilio Vaticano II le conosciamo tutti. Ce ne sono invece molte altre che si conoscono poco o niente perché suscitate dallo Spirito in questi ultimi decenni. Esse non vanno ad entrare in concorrenza né a stravolgere l'impostazione pastorale già avviata ma ad integrarsi armonicamente con essa.
Ve ne elenco di seguito alcune.

Se vogliamo aiutare i nostri collaboratori (over 30) a crescere nella fede e in una mentalità evangelizzatrice-missionaria, un ottimo strumento sono:

- i ritiri/corsi periodici della **Scuola di evangelizzazione sant'An drea**: sito www.sesaitalia.it;
- Il percorso settimanale/quindicinale delle **Cellule parrocchiali d i evangelizzazione**: sito www.cellule-evangelizzazione.org;
- Il percorso di incontri settimanali sui **"10 comandamenti"**: sito www.parte migliore.it

Se vogliamo aiutare gli adolescenti e i giovani presenti in parrocchia a crescere nella fede e a farli diventare missionari presso i propri coeta nei, un ottimo strumento sono:

- i ritiri periodici **"Youth project":** sito www.centroevangelizzaz ione.com/youthproject;
- I percorsi di crescita settimanali **"Ado":** libro "I soliti ignoti" do n Alessandro Bonetti, editrice E.D.B.

Se vogliamo raggiungere gli adulti che non frequentano la parrocchia, un ottimo strumento sono:

- Le **cene Alpha**: sito www.italia.alpha.org

Se desideriamo raggiungere gli adolescenti e i giovani che non frequen tano i gruppi parrocchiali, un ottimo strumento è:

- **Youth Happy dinner**: sito www.sangabrielepescara.it

Se vogliamo aiutare le coppie in difficoltà e offrire loro un incontro co n la chiesa, un ottimo strumento è:

- il **Marriage Course**: sito www.misterogrande.org

Se vogliamo aiutare i separati, divorziati e riaccompagnati a sentirsi pe rdonati da Dio e a tornare a sentirsi parte della parrocchia, un percorso buono è:

- In forma diocesana **"Samaria":** sito www.diocesipescara.it/uffi ci/famiglia

- In forma parrocchiale **“Ricomincio da me”:** sito www.sangabre lepescara.it

Se vogliamo iniziare creando un servizio di adorazione eucaristica che interceda per tutte le iniziative parrocchiali:

- **Adorazione eucaristica**: www.adorazioneeucaristica.it

Se vogliamo provare a vivere una “**Missione popolare parrocchiale**” realizzata dai laici: valentinoiezzi1@gmail.com

CONCLUDENDO

Per essere dei parroci contenti del proprio ministero e per raccogliere frutti abbondanti non dobbiamo diventare "più santi", come si diceva una volta (io non lo sono affatto) ma dobbiamo allargare la nostra ottica pastorale e impegnarci a spendere energie e, quando è necessario, anche soldi, per vivere in modo nuovo il ministero dell'evangelizzazione. Così facendo ci innamoreremo sempre in modo nuovo di quel Cristo al quale abbiamo dedicato la nostra vita.
Buon cammino a ognuno di voi.

INDICE

Printed by Books on Demand GmbH, Norderstedt / Germany